Sky my wife!
Ciel ma femme!

Du même auteur

La Théière de Chardin
Garnier, 1979

L'Allemaniaque de la France profonde
AMP Éditions, 1981

La Khomemie du pouvoir
Scorpio, 1983

Sky my husband ! Ciel mon mari !
Hermé, 1985
Seuil, coll. « Points Actuels », 1987

Le Guide du futur directeur général
avec Marie Garagnoux
Hermé, 1986

Mon carnet secret FM
Carrère, 1986

Les Meilleures Histoires de bonnes manières
Carrère, 1987

Sky my teacher !
Carrère, 1987

Suites et fins
Carrère, 1988

Heaume sweet home : dictionnaire illustré
des homonymes franco-anglais
Harraps, 1989

JEAN-LOUP CHIFLET

Sky my wife!
Ciel ma femme!

Dictionary
of the current english

Dictionnaire
de l'anglais courant

DESSINS DE CLAB

CARRERE

ISBN 2-02-012552-8
(ISBN 2-86804-650-9, 1re publication)

Avertissement

En achetant *Sky my wife! Ciel ma femme !*, vous avez peut-être cru acheter la suite de votre livre favori *Sky my husband! Ciel mon mari !* Il n'en est rien car la femme est a priori le complément indispensable de l'homme et non sa suite...

Dans *Sky my wife!*, vous allez découvrir des expressions anglaises dont vous retiendrez très facilement la traduction grâce à la fameuse méthode Sky.

Après avoir goûté aux joies de la traduction du français vers l'anglais avec *Sky my husband!*, vous allez ici vous livrer à un autre exercice tout aussi amusant et pédagogique : l'adaptation littérale d'expressions anglaises suivies de leur signification précise en français. Vous verrez, le résultat n'est pas triste.

A la fin de l'ouvrage, l'histoire émouvante de Ginette (Ginette's story) vous permettra de tester vos connaissances et de récapituler ce que vous aurez appris.

Good luck!

Jean-Loup Chiflet

a

Left standing at the altar

ACE   AS

To have an ace in the hole   Avoir un as dans le trou
Avoir un atout dans la manche

ACID   ACIDE

The acid test   Le test acide
La pierre de touche

ACT   ACTE

An act of God   Un acte de Dieu
Une cause naturelle

ALLIGATOR   CROCODILE

See you later alligator !   On se voit plus tard
crocodile !
A la revoyure !

ALTAR   AUTEL

Left standing at the altar   Laissé debout à l'autel
Laissé en plan

9

See you later alligator!

ANT	FOURMI
To have ants in one's pants	Avoir des fourmis dans le pantalon

Être impatient

APPLE	POMME
Pineapple	Pin-pomme

Ananas

The apple of one's eye	La pomme de son œil

La prunelle de ses yeux

In apple-pie order	Dans l'ordre de la tarte aux pommes

En ordre parfait

ARM *BRAS*

To cost an arm and a leg	Coûter un bras et une jambe
	Coûter les yeux de la tête
To twist someone's arm	Tordre le bras à quelqu'un
	Faire une pression sur quelqu'un

To cost an arm and a leg

To get the axe

ASSET   *ATOUT*

Liquid assets   Atouts liquides

Valeurs disponibles

———————

AXE   *HACHE*

To get the axe   Obtenir la hache

Être limogé

b

BABY   *BÉBÉ*

Baby-sitting   Assis sur le bébé

Baby-sitting

BACK   *DOS*

You scratch my back and I'll scratch yours   Si tu grattes mon dos, je gratterai le tien

Renvoyer l'ascenseur

BACON   *BACON*

To bring home the bacon   Apporter le bacon à la maison

Faire bouillir la marmite

Baby-sitting

BAG   *SAC*

To let the cat out of the bag   Laisser sortir le chat du sac
Vendre la mèche

BALL   *BALLON*

To be on the ball   Être sur le ballon
Être au courant

BANANAS   *BANANES*

To go bananas   Aller bananes
Devenir dingue

To go bananas

BAND   *ORCHESTRE*

Strike up the band !   Frappez en haut l'orchestre !

En avant la musique !

BAT   *CHAUVE-SOURIS*

To have bats in one's belfry   Avoir des chauves-souris dans le clocher

Avoir une araignée au plafond

BEACH   *PLAGE*

A beachcomber   Un peigneur de plage

Un propre-à-rien

BEAN   *HARICOT*

Full of beans   Plein de haricots

Plein d'entrain

They're as like as beans   Ils sont pareils à des haricots

Ils se ressemblent comme deux gouttes d'eau

To spill the beans   Recracher les haricots

Vendre la mèche

Not to know beans about   Ne pas connaître des haricots au sujet de

Ignorer le premier mot de

18

A beachcomber

BEAR   OURS

Bear hug   Étreinte d'ours

Embrassade

BEAVER   CASTOR

Eager beaver   Castor avide

Bourreau de travail

BEE   ABEILLE

To have a bee in one's bonnet   Avoir une abeille dans son bonnet

Avoir une idée fixe

Eager beaver

To have a bee in one's bonnet

To get the bird

BELLY   *VENTRE*

To have a belly laugh   Avoir un ventre-rire

Rire à gorge déployée

BERRY   *BAIE*

Blackberry   Baie noire

Mûre

Gooseberry   Baie d'oie

Groseille à maquereau

Strawberry   Baie de paille

Fraise

Raspberry   Baie râpée

Framboise

BIRD   *OISEAU*

To get the bird   Obtenir l'oiseau

Se faire huer

To give someone the bird   Donner l'oiseau à quelqu'un

Faire un bras d'honneur

BITTEN   *MORDU*

Once bitten, twice shy   Une fois mordu, deux fois timide

Chat échaudé craint l'eau froide

BLACK   *NOIR*

To beat someone black and blue   Battre quelqu'un noir et bleu

Tabasser quelqu'un

A blackout   Un noir dehors

Une panne d'électricité

BLANKET   *COUVERTURE*

A wet blanket   Une couverture mouillée

Un trouble-fête

BLOODY   *SAIGNANT*

Bloody Mary   Marie saignante

Bloody Mary

BLUE   *BLEU*

To feel blue   Se sentir bleu

Avoir le cafard

BOARD   *PLANCHE*

Board meeting   Réunion de planche

Conseil d'administration

BOOK   *LIVRE*

I am in his black books   Je suis dans ses livres noirs

Je ne suis pas dans ses petits papiers

I am in his black books

BOOK   *LIVRE*

Book-keeper   Gardien de livre
Comptable

BOTTOM   *BAS*

To pinch someone's bottom   Pincer le bas de quelqu'un
Pincer les fesses de quelqu'un

BOW   *ARC*

To take a bow   Prendre un arc
Être applaudi

BOX   *BOÎTE*

Box office   Boîte de bureau
Bureau de location

BRAIN   *CERVEAU*

Brain trust   Cerveau de confiance
Groupe de réflexion

Book-keeper

BRASS   *LAITON*

To get down to brass tacks   Descendre aux pointes en laiton

En venir à l'essentiel

BRIDE   *MARIÉE*

To toast the bride   Faire griller la mariée

Porter un toast à la mariée

BRIDGE   *PONT*

To play bridge   Jouer au pont

Jouer au bridge

To play bridge

BROOM   *BALAI*

A new broom   Un nouveau balai

Un novice

BRUSH   *BROSSE*

To give someone the brush-off   Donner à quelqu'un la brosse à distance

Se débarrasser de quelqu'un

BUCK   *DAIM*

To pass the buck   Passer le daim

Renvoyer la balle

A new broom

BUCKET   *SEAU*

To kick the bucket   Donner un coup de pied au seau

Passer l'arme à gauche

BULL   *TAUREAU*

To hit the bull's eye   Frapper l'œil du taureau

Faire mouche

BULLET   *BALLE*

To bite the bullet   Mordre la balle

Être stoïque

To kick the bucket

To bite the bullet

BUTTERFLY   *PAPILLON*

To have butterflies in one's
stomach

Avoir des papillons dans
l'estomac

Avoir l'estomac noué

BUTTON   *BOUTON*

Belly button

Bouton du ventre

Nombril

Belly button

C

CAKE   *GÂTEAU*

That takes the cake!   Ça prend le gâteau!

C'est le bouquet

To have one's cake and eat it too   Avoir son gâteau et le manger

Avoir le beurre et l'argent du beurre

CANDLE   *BOUGIE*

Not to hold a candle to   Ne pas tenir une bougie à

Ne pas arriver à la cheville de

CAPITAL   *CAPITAL*

Working capital   Capital travaillant

Fonds de roulement

Cash flow

CASE   *VALISE*

In any case   Dans n'importe quelle valise

En tout cas

———————

CASH   *CAISSE*

Cash-flow   La caisse coule

Marge brute d'autofinancement

———————

CAT   *CHAT*

He thinks he's the cat's whiskers   Il pense qu'il est les moustaches du chat

Il pense être sorti de la cuisse de Jupiter

That's the cat's meow   C'est le miaou du chat

C'est super

———————

CHAIR   *CHAISE*

Chairman of the board   Chaise-homme de la planche

Président-directeur général

———————

CHALK   *CRAIE*

Chalk it up   La craie est en l'air

Mettez ça sur mon compte

CHEESE   *FROMAGE*

A big cheese   Un gros fromage

Une grosse légume

CHICKEN   *POULET*

To be chicken   Être poulet

Ne pas avoir de courage

CHIPS   *FRITES*

The chips are down   Les frites sont en bas

Les jeux sont faits

To be chicken

The chips are down

CHURCH   *ÉGLISE*

Church nut   Noix d'église

Grenouille de bénitier

CLOUD   *NUAGE*

To be on cloud nine   Être sur le neuvième nuage

Être au septième ciel

COBWEB   *TOILE D'ARAIGNÉE*

To blow away the cobwebs   Souffler sur les toiles d'araignée

Se rafraîchir les idées

To be on cloud nine

COCK   *COQ*

To give someone a cock and
bull story

Donner à quelqu'un une
histoire de coq et de taureau

Raconter des histoires

COLOR   *COULEUR*

To come through with flying
colors

Venir à travers avec des
couleurs volantes

S'en tirer haut la main

COMPANY   *COMPAGNIE*

Limited company

Compagnie limitée

Société anonyme

COOP   *POULAILLER*

To fly the coop

Voler le poulailler

Prendre la poudre d'escampette

COURSE   *COURS*

Of course !

De cours !

Bien sûr !

COW   *VACHE*

When the cows come home

Quand les vaches rentrent à la maison

La semaine des quatre jeudis

CRAZY   *FOU*

Crazy Horse Saloon

Salon du Cheval Fou

Crazy Horse Saloon

CROW   *CORBEAU*

To make someone eat crow

Faire manger du corbeau à quelqu'un

Rabattre le caquet à quelqu'un

CUCUMBER   *CONCOMBRE*

To be as cool as a cucumber

Être aussi frais qu'un concombre

Garder son sang-froid

To be as cool as a cucumber

d

DAY　　*JOUR*

To have a field day　　Avoir un terrain jour

Remporter un grand succès

DEVIL　　*DIABLE*

Speaking of the devil　　Parlant du diable

Quand on parle du loup...

There will be the devil to pay　　Ce sera le diable à payer

Ça va barder

Devil-may-care　　Le diable peut s'en soucier

Je-m'en-foutiste

DOG　　*CHIEN*

Bulldog　　Taureau-chien

Bouledogue

It's raining cats and dogs　　Il pleut des chats et des chiens

Il pleut des cordes

To be going to the dogs　　Aller aux chiens

Battre de l'aile

DOGHOUSE　　*NICHE*

To be in the doghouse　　Être dans la niche

Ne pas être en odeur de sainteté

It's raining cats and dogs

DOUGHNUT   *BEIGNET*

It's dollars to doughnuts   Ce sont des dollârs à
beignets

Il y a mille à parier

———————————

DRIVER   *CONDUCTEUR*

A hit-and-run driver   Un conducteur qui tape et
court

Un chauffard

———————————

DUTCH   *HOLLANDAIS*

To go Dutch   Aller hollandais

Payer son écot

Dutch courage   Courage hollandais

Courage puisé dans la bouteille

e f

EAR   *OREILLE*

Wet behind the ears   Mouillé derrière les oreilles
Oie blanche

To play it by ear   Jouer ça à l'oreille
Improviser

———

EARTH   *TERRE*

It cost the earth   Ça a coûté la Terre
Ça a coûté les yeux de la tête

———

EGG   *ŒUF*

To have egg on one's chin   Avoir un œuf au menton
Avoir la braguette ouverte

To be a bad egg   Être un mauvais œuf

Être un bon à rien

It cost the earth

END   *FIN*

A dead end   Une fin morte
Une impasse

FASHION   *MODE*

After a fashion   Après une mode
Tant bien que mal

FATHER   *PÈRE*

A stepfather   Un pas père
Un beau-père

FEATHER   *PLUME*

Birds of a feather   Oiseaux d'une plume
Gens de la même espèce

Birds of a feather

FENCE   *BARRIÈRE*

To sit on the fence   S'asseoir sur la barrière

Ménager la chèvre et le chou

FIDDLE   *VIOLON*

Fiddlesticks!   Bâtons de violons!

Sornettes!

To be as fit as a fiddle   Être aussi capable qu'un violon

Se porter comme un charme

FINGER   *DOIGT*

To have a finger in every pie   Avoir un doigt dans chaque tarte

Être concerné

FISH   *POISSON*

I have other fish to fry   J'ai d'autres poissons à frire

J'ai d'autres chats à fouetter

To be a cold fish   Être un poisson froid

Être un glaçon

FIVE   *CINQ*

To take five   Prendre cinq

Faire la pause

FLUSH   *CHASSE D'EAU*

A royal flush   Une chasse d'eau royale

Une quinte royale (au poker)

FLY   *MOUCHE*

There's a fly in the ointment   Il y a une mouche dans la pommade

Il y a une ombre au tableau

To take five

FOOT   *PIED*

My foot!   Mon pied !

Mon œil !

To have cold feet   Avoir les pieds froids

Se dégonfler

FOUR   *QUATRE*

To be on all fours   Être sur tous les quatre

Être à quatre pattes

FRENCH   *FRANÇAIS*

To take French leave   Prendre le congé français

Filer à l'anglaise

FUR   *FOURRURE*

To make the fur fly   Faire voler la fourrure

Se crêper le chignon

My foot!

g

Godspeed

GARDEN   *JARDIN*

A bear garden   Un jardin d'ours

Une pétaudière

A garden party   Une partie de jardin

Une garden-partie

———

GENERAL   *GÉNÉRAL*

To be the general dogsbody   Être le corps de chien général

Être la bonne à tout faire

———

GIFT   *DON*

Don't look a gifthorse in the mouth   Ne regardez pas un cheval donné dans la bouche

Ne laissez pas passer une chance

———

GOAT   *CHÈVRE*

To get someone's goat   Avoir la chèvre de quelqu'un

Embêter quelqu'un

———

GOD   *DIEU*

Godspeed   Vitesse de Dieu

Bon voyage !

Don't teach my grandmother to suck eggs

GOOSE   *OIE*

My goose is cooked   Mon oie est cuite

Je suis fait comme un rat

———————

GRANDMOTHER   *GRAND-MÈRE*

Don't teach my grandmother to suck eggs   N'apprends pas à ma grand-mère à gober des œufs

On n'apprend pas à un vieux singe à faire des grimaces

———————

GREEK   *GREC*

It's all Greek to me!   C'est tout grec pour moi!

Pour moi, c'est du chinois!

———————

GREEN   *VERT*

To be green around the gills   Être vert autour des bajoues

Avoir mauvaise mine

———————

GRINDSTONE   *MEULE*

To put one's nose in the grindstone   Mettre son nez dans la meule

Travailler

h

HADDOCK — *AIGLEFIN*

Captain Haddock — Capitaine Aiglefin

Capitaine Haddock

HAMMER — *MARTEAU*

To go at it hammer and tongs — Y aller marteau et tenailles

Ne pas y aller de main morte

HAND — *MAIN*

A shorthand typist — Une tapeuse à la main courte

Une sténodactylo

HARD — *DUR*

Hardware — Article dur

Hardware

TO HEAR — *ENTENDRE*

Looking forward to hearing from you — En regardant en avant pour vous entendre

Dans l'attente de vous lire

To go at it hammer and tongs

HEEL   *TALON*

To cool one's heels   Se rafraîchir les talons
Poireauter

HELL   *ENFER*

To raise hell   Soulever l'enfer
Faire du foin

When hell freezes over   Quand l'enfer gèlera

Quand les poules auront des dents

HERRING   *HARENG*

A red herring   Un hareng rouge
Une fausse piste

HONEY   *MIEL*

Honeywell Bull   Miel Bien Taureau
Honeywell Bull

HORN   *CORNE*

Greenhorn   Corne verte
Blanc-bec

66

HORNET   *FRELON*

Mad as a hornet   Fou comme un frelon

Vert de rage

HORSE   *CHEVAL*

Charley-horse   Charlie-cheval

Crampe

That's a horse of a different colour   C'est un cheval de couleur différente

Ça, c'est un autre sujet

HOT   *CHAUD*

Hot dog   Chien chaud

Hot dog

Hot dog

ij

ICE   *GLACE*

To cut no ice   Ne couper aucune glace

Ne pas impressionner

INTELLIGENCE   *INTELLIGENCE*

The Intelligence Service   Le service d'intelligence

Le service de renseignements

JAM   *CONFITURE*

Traffic jam   Confiture de circulation

Embouteillage

JAZZ   *JAZZ*

Don't give me that jazz !   Ne me donne pas ce jazz !

À d'autres !

Traffic jam

k

KETTLE   *BOUILLOIRE*

Here's a pretty kettle of fish !

Voici une jolie bouilloire de poissons !

En voilà une affaire !

KEY   *CLEF*

Keymoney   Argent de clef

Pas-de-porte

KITE   *CERF-VOLANT*

Go fly a kite!   Va voler un cerf-volant !

Va te faire cuire un œuf !

KNEE   *GENOU*

He is the bee's knees   Il est les genoux de l'abeille

Il est super

Keymoney

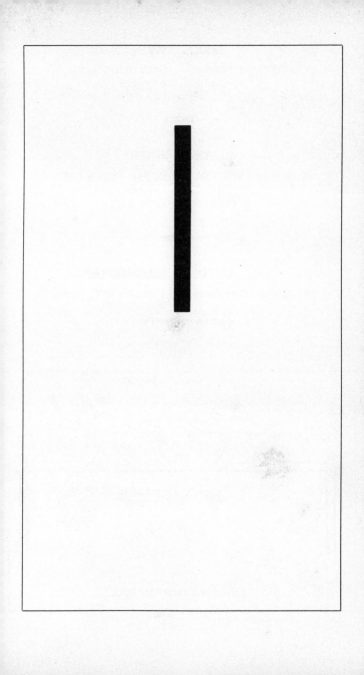

LAKE   *LAC*

Jump in the lake!   Saute dans le lac !

Va voir ailleurs si j'y suis !

LAMB   *AGNEAU*

In two shakes of a lamb's tail   En deux secousses de queue d'agneau

En trois coups de cuiller à pot

LATELY   *DERNIÈREMENT*

He's a Johnny come lately   C'est un Johnny venu dernièrement

C'est un nouveau venu

Take a leaf from my book

LAW *LOI*

A father-in-law   Un père dans la loi

Un beau-père

LEAF *FEUILLE*

Take a leaf from my book   Prenez une feuille de mon livre

Suivez mon exemple

LEG *JAMBE*

Give me a leg up   Donne-moi une jambe en haut

Faites-moi la courte échelle

To pull someone's leg   Tirer la jambe de quelqu'un

Faire marcher quelqu'un

LETTER *LETTRE*

Red-letter   Rouge-lettre

Marqué d'une pierre blanche

LINE *LIGNE*

To shoot a line   Tuer une ligne

Baratiner

m

MARGIN   *MARGE*

Gross margin   Marge grossière
Marge brute

MATTER   *MATIÈRE*

As a matter of fact   Comme une matière de fait
En fait

What's the matter?   Qu'est-ce que la matière ?

Qu'est-ce qui se passe ?

MINUTE   *MINUTE*

Minute hand   Main minute
Grande aiguille

MONKEY   *SINGE*

I'll be a monkey's uncle!   Je serai un oncle de singe !
Ça alors !

Monkey business   Une affaire de singe
Une affaire louche

MOON   *LUNE*

Once in a blue moon   Une fois dans une lune bleue
Une fois tous les trente-six du mois

Monkey business

MOTHER   *MÈRE*

A godmother   Une mère dieu

Une marraine

MOUTH   *BOUCHE*

Straight from the horse's mouth   Directement de la bouche du cheval

De source sûre

To live from hand to mouth   Vivre de la main à la bouche

Vivre au jour le jour

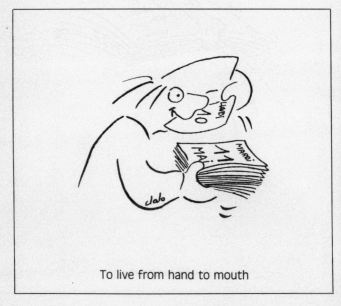

To live from hand to mouth

MURDER *MURDER*

To cry blue murder   Crier au meutre bleu

Crier comme un putois

MUSIC *MUSIQUE*

To face the music   Faire face à la musique

Payer les pots cassés

no

NEST   *NID*

A cuckoo in the nest   Un coucou dans le nid
Un enfant de parents inconnus

———————

NINE   *NEUF*

Dressed up to the nines   Habillé aux neuf
Sur son trente et un

Dressed up to the nines

NINETEEN *DIX-NEUF*

To talk nineteen to the dozen

Parler dix-neuf à la douzaine

Parler très vite

NINETY *QUATRE-VINGT-DIX*

Say ninety-nine

Dites quatre-vingt-dix-neuf

Dites trente-trois

Say ninety-nine

NOSE   *NEZ*

On the nose   Sur le nez
À l'heure pile

To pay through the nose   Payer à travers le nez

Payer les yeux de la tête

NUT   *NOIX*

A nut case   Un cas de noix
Un cinglé

ORGAN   *ORGUE*

House organ   Orgue de maison
Journal interne d'entreprise

On the nose

House organ

p

PAIN   *DOULEUR*

A pain in the neck   Une douleur dans le cou

Un casse-pied

PARTNER   *ASSOCIÉ*

Sleeping partner   Associé endormi

Commanditaire

PEA   *PETIT POIS*

They are as like as peas in a pod   Ils sont aussi semblables que des petits pois dans une cosse

Ils se ressemblent comme deux gouttes d'eau

They are as like as peas in a pod

TO PEEP   *REGARDER EN DOUCE*

A peeping Tom   Un Tom qui regarde en
douce

Un voyeur

TO PICK   *CUEILLIR*

Pick-up   Cueillez en haut

Électrophone

PICKLE   *CORNICHON*

To be in a pickle   Être dans un cornichon

Être dans de beaux draps

PIE   *TARTE*

To eat humble pie   Manger de l'humble tarte

Faire de plates excuses

To be pie-eyed   Avoir des yeux de tarte

Être fin rond

PIGEON   *PIGEON*

To set the cat among the
pigeons   Mettre le chat au milieu des
pigeons

Jeter un pavé dans la mare

PILL   *PILULE*

To be on the pill   Être sur la pilule
Prendre la pilule

PIN   *ÉPINGLE*

To have pins and needles   Avoir des épingles et des aiguilles
Avoir des fourmis dans les jambes

PINK   *ROSE*

Strike me pink!   Frappe-moi rose !
Pas possible !
To be in the pink   Être dans le rose
Être au mieux de sa forme

POPE   *PAPE*

Pope's nose   Nez du pape
Croupion

POTATO   *POMME DE TERRE*

A hot potato   Une pomme de terre chaude
Un problème épineux

POTATO   *POMME DE TERRE*

It is not small potatoes   Ce ne sont pas de petites
pommes de terre

Ce n'est pas rien

PURPLE   *VIOLET*

A purple passage   Un passage violet

Un morceau de bravoure

PYJAMA   *PYJAMA*

It's the cat's pyjamas   Ce sont les pyjamas du chat

C'est génial

qr

QUARTER   *QUARTIER*

Headquarters   Quartiers de tête

Quartier général

QUEER   *BIZARRE*

To be in queer street   Être dans la rue bizarre

Se trouver en difficulté

RAT   *RAT*

I smell a rat   Je sens un rat

Il y a anguille sous roche

ROAD   *ROUTE*

To hit the road   Taper la route

Se mettre en route

ROTTEN   *POURRI*

There's something rotten in Denmark   Il y a quelque chose de pourri au Danemark

Il y a quelque chose qui cloche

I smell a rat

S

SAD   *TRISTE*

A sad dog   Un chien triste

Une canaille

SAINT   *SAINT*

Oh! when the saints   Oh! quand les saints
  go marching in   vont marcher dedans

Oh! quand les saints se mettent en marche

SALAD   *SALADE*

In his salad days   Dans ses jours de salade

Dans ses vertes années

In his salad days

TO SAY   *DIRE*

Before to say Jack Robinson   Avant de dire Jacques Robinson

Avant de pouvoir dire ouf

SCOTCH   *ÉCOSSAIS*

A Scotch on the rocks   Un Écossais sur les rochers

Un whisky sur glaçons

SCOTLAND   *ÉCOSSE*

Scotland Yard   Cour d'Écosse

Scotland Yard

A Scotch on the rocks

SEA   *MER*

Between the devil and the deep blue sea

Entre le diable et la profonde mer bleue

Entre le marteau et l'enclume

SEVEN   *SEPT*

To be at sixes and sevens   Être à six et à sept

Le torchon brûle

TO SHAKE   *SECOUER*

To shake a leg   Secouer une jambe

Se dépêcher

To shake a leg

SHEET   *FEUILLE*

Balance sheet   Feuille qui se balance

Bilan

SHOE   *CHAUSSURE*

If the shoe fits wear it   Si la chaussure va il faut la porter

C'est la poule qui chante qui fait l'œuf

Balance sheet

SHOULDER   *ÉPAULE*

To give someone the cold shoulder

Donner à quelqu'un l'épaule froide

Battre quelqu'un froid

To have a chip on the shoulder

Avoir une frite sur l'épaule

Être aigri

SIX   *SIX*

It's six of one, half a dozen of the other

C'est six de l'un, une demi-douzaine de l'autre

C'est blanc bonnet et bonnet blanc

SKIN   *PEAU*

By the skin of one's teeth

Par la peau de ses dents

D'un cheveu

To have a chip on the shoulder

SNAKE   *SERPENT*

There's a snake in the grass   Il y a un serpent dans l'herbe

Il y a anguille sous roche

———————

SOAP   *SAVON*

No soap!   Pas de savon !

Des clous !

———————

SOFT   *DOUX*

Software   Article doux

Software

No soap!

SON   *FILS*

Harley Davidson   Harley fils de David

Harley Davidson

SONG   *CHANSON*

I got it for a song   Je l'ai obtenu pour une chanson

Je l'ai eu pour une bouchée de pain

SPEED   *VITESSE*

Godspeed!   Vitesse de Dieu

Bon voyage !

SPOT   *TACHE*

He was Johnny-on-the-spot   C'était Johnny-sur-la-tache

Il est arrivé à point nommé

STAG   *CERF*

A stag party   Une boum de cerfs

Un enterrement de vie de garçon

I got it for a song

STEAK   *STEAK*

A very rare steak   Un steak très rare

Un steak bleu

STORM   *ORAGE*

Brainstorm   Orage de cerveau

Séance de réflexion

STRAIGHT   *DROIT*

It is straight from the horse's mouth   C'est direct de la bouche du cheval

Je le tiens de bonne source

A very rare steak

STRAW — *PAILLE*

It's the straw that broke the camel's back — C'est la paille qui a cassé le dos du chameau

C'est la goutte d'eau qui fait déborder le vase

The last straw — La dernière paille

La fin des haricots

STRAWBERRY — *FRAISE*

Strawberry blonde — Fraise blonde

Blond vénitien

STREAK — *RAYURE*

To talk a blue streak — Parler une rayure bleue

Avoir la langue bien pendue

STRING — *CORDE*

To harp on one string — Jouer de la harpe sur sa corde

Rabâcher

STUFF — *ÉTOFFE*

That's the stuff! — C'est l'étoff !

C'est ça !

SWAN   *CYGNE*

All his geese are swans   Toutes ses oies sont des
cygnes

Tout lui réussit :

———————

SWING   *BALANÇOIRE*

To be in full swing   Être en pleine balançoire

Battre son plein

All his geese are swans

tu

TEA   *THÉ*

It's not my cup of tea   Ce n'est pas ma tasse de thé

Ce n'est pas mon truc

TEN   *DIX*

Ten Downing Street   Dix de la rue qui descend

Résidence du Premier Ministre

It's not my cup of tea

THREE   *TROIS*

To give someone the third
degree

Donner à quelqu'un le
troisième degré

Mettre quelqu'un sur la sellette

THUMB   *POUCE*

To be all thumbs   Être tout pouces

Être maladroit de ses mains

To have a green thumb   Avoir un pouce vert

Avoir la main verte

To have a green thumb

TOOTH   *DENT*

It was like pulling teeth   C'était comme tirer des dents

Ça a été la croix et la bannière

TOWN   *VILLE*

A one-horse town   Une ville à un cheval

Un patelin perdu

To paint the town red   Peindre la ville en rouge

Faire les quatre cents coups

TRUMPET   *TROMPETTE*

To blow one's own trumpet   Souffler sa propre trompette

S'envoyer des fleurs

TURKEY   *DINDE*

Let's talk turkey!   Parlons dinde !

Parlons sérieusement

UNCLE   *ONCLE*

To say uncle   Dire oncle

Dire pouce

To blow one's own trumpet

wy

WAGON   *WAGON*

To be on the wagon   Être sur le wagon

S'abstenir d'alcool

WALKER   *MARCHEUR*

A Johnny Walker   Un Jean Marcheur

Un whisky

WALL   *MUR*

To be a wallflower   Être une fleur de mur

Faire tapisserie

WATER   *EAU*

Come hell or high water   Vienne l'enfer ou la haute eau

Advienne que pourra

Water-closets   Eau-placards

Toilettes

WAY   *CHEMIN*

By the way   Par le chemin

A propos

WEST   *OUEST*

West Side Story   Ouest côté histoire
West Side Story

WHALE   *BALEINE*

A whale a time   Une baleine d'une fois
Une sacrée histoire

WHIRL   *TOURBILLON*

To give something a whirl   Donner un tourbillon à
    quelque chose
Essayer quelque chose

WHISTLE   *SIFFLET*

To wet one's whistle   Mouiller son sifflet
Se rincer la dalle

To wet one's whistle

WING   *AILE*

When pigs have wings   Quand les cochons auront des ailes

Quand les poules auront des dents

WIRE   *CÂBLE*

Hold the wire!   Tenez le câble !

Ne quittez pas !

To be a wallflower

WOOD *BOIS*

They're babes in the woods · Ce sont des bébés dans les bois

Ils sont innocents comme l'agneau qui vient de naître

WOOL *LAINE*

Dyed-in-the-wool · Teint-dans-la-laine

Bon teint

WORLD *MONDE*

The world is his oyster · Le monde est son huître

Il ne se mouche pas du pied

YELLOW *JAUNE*

To be yellow · Être jaune

Avoir les foies

To have a yellow streak · Avoir une rayure jaune

Ne pas avoir de cœur au ventre

Ginette's story

1

Ginette is a bit **GREEN** around the gills. She feels **BLUE**, ready to go **BANANAS.** Her boyfriend is the **APPLE** of her eye, but things between them are at sixes and **SEVENS** — they're really going to the **DOGS.** He is as cool as a **CUCUMBER**, but even if he bites the **BULLET** there will be the **DEVIL** to pay if things go on this way. He'll beat her **BLACK** and blue and then give her the **BRUSH-OFF.** Ginette can't hold a **CANDLE** to him. He's a real eager **BEAVER**, always full of **BEANS** and while she may seem **DEVIL**-may-care she's just **CHICKEN.** He'd like to leave her standing at the **ALTAR** and yell: **"GODSPEED!** See you later **ALLIGATOR!"** before she could **SAY** Jack Robinson.

Ginette est verte autour des bajoues. Elle se sent bleue, prête à aller aux bananes. Elle tient à son petit ami comme à la pomme de son œil mais entre eux, c'est à six et à sept et ça va vraiment aux chiens. Il est aussi frais qu'un concombre, mais même s'il mord la balle, ce sera le diable à payer si les choses continuent ainsi. Il va la battre noir et bleu et lui donner la brosse à distance. Ginette ne lui tient pas une bougie. C'est un vrai castor avide, toujours plein de haricots et quoiqu'elle paraisse un diable peut s'en soucier, elle est simplement poulet. Il a vraiment envie de la laisser debout à l'autel en lui larguant un : « Vitesse de Dieu, on se voit plus tard crocodile ! » avant qu'elle puisse dire Jack Robinson.

Ginette a mauvaise mine. Elle a le cafard à en devenir dingue. Elle tient à son petit ami comme à la prunelle de ses yeux mais le torchon brûle. Ça bat de l'aile. Il garde son sang-froid mais même s'il est stoïque, ça va barder si les choses continuent ainsi. Il va la tabasser et s'en débarrasser. Ginette ne lui arrive pas à la cheville. C'est un vrai bourreau de travail toujours plein d'entrain alors qu'elle est une véritable je-m'en-foutiste qui n'a pas de courage. Il a vraiment envie de la laisser en plan en lui lançant un « Bon courage ! A la revoyure ! » avant qu'elle n'ait le temps de dire ouf !

2

*Their problem? He wants to go **DUTCH** but Ginette has a **BEE** in her bonnet about that and does nothing to bring home the **BACON**. She wants to have her **CAKE** and eat it too. Oh she tried! She sold the Louis XVI chair that cost them an **ARM** and a leg. She gave **BOOKKEEPING** a **WHIRL**, but you don't play that by **EAR**. She tried to be a short**HAND**/typist and she ended up as a **GENERAL** dogsbody but as she was a bad egg she got the **AXE**. She was in a right **PICKLE** and at a dead **END**. While waiting for better, she became a **BABY** sitter.*

Leur problème ? Il veut aller hollandais mais Ginette a pris une abeille dans son bonnet et ne fait rien pour rapporter le bacon à la maison. Elle veut avoir son gâteau et le manger aussi. Oh ! elle a essayé ! Elle a vendu une chaise Louis XVI qui leur avait coûté un bras et une jambe ; puis elle a donné le livre à garder à un tourbillon mais ça ne se joue pas à l'oreille. Elle a tenté d'être tapeuse à main courte et elle a été le corps de chien général, mais étant plutôt du genre mauvais œuf, elle a obtenu la hache. Elle était dans un vrai cornichon et à une fin morte. En attendant mieux, elle devint assis sur le bébé.

Leur problème ? Il veut que chacun paie sa part mais Ginette a une idée fixe à ce sujet et ne fait rien pour faire bouillir la marmite. Elle veut le beurre et l'argent du beurre. Oh ! elle a essayé ! Elle a vendu la chaise Louis XVI qui leur avait coûté les yeux de la tête puis elle a essayé de devenir comptable mais ça ne s'improvise pas. Même résultat pour la dactylo, elle termina donc bonne à tout faire mais comme elle n'était bonne à rien, elle se fit limoger. Elle était dans de beaux draps et se trouva dans une impasse. En attendant mieux, elle devint baby-sitter.

3

She had **BUTTERFLIES** in her stomach the first day. She **SHOOK** a leg to avoid the traffic **JAM** and arrived at a **CHAIR**man of the board's house. He had a limited **COMPANY** and, between two brain**STORMING** sessions and a **BOARD** meeting, he was going to play **BRIDGE** at a **GARDEN** party, dressed to the **NINES**. He was the **STEPFATHER** of two children who were as like as **PEAS** in a pod — even though one of them was a cuckoo in the **NEST**. At first sight they may have seemed like babes in the **WOOD**, but as a matter of fact they made the **FUR** fly since they talked a blue **STREAK**. It got Ginette's **GOAT** that these two young children pulled her **LEG** and gave her **BIRD** as they screamed blue **MURDER**:
— Wet **BLANKET**!
— **PAIN** in the neck!
— **NUT** case!

Elle avait des papillons dans l'estomac le premier jour. Elle a secoué une jambe pour éviter la confiture de circulation et a débarqué chez un homme-chasse de la planche. Il avait une compagnie limi-tée et entre deux orages de cerveau et une réunion de planche, il allait jouer au pont dans une partie de jardin, habillé au neuf. Il était le pas père de deux enfants qui étaient comme des petits pois dans leur cosse même si l'un d'entre eux était un coucou dans le nid. A première vue, on aurait dit des bébés dans les bois, mais en matière de fait, ils faisaient voler la fourrure et parlaient une vraie bleue. Ginette, ça lui faisait avoir la chèvre que deux jeunes enfants lui tirent la jambe et lui donnent l'oiseau en criant au meurtre bleu :
— *Couverture mouillée !*
— *Douleur dans le cou !*
— *Cas de noix !*

Le premier jour, elle avait l'estomac noué. Elle se dépêcha pour éviter les embouteillages et débarqua chez un président de conseil d'administration. Il avait une société anonyme et, entre deux séan-ces de réflexion et un conseil, il jouait au bridge dans une réception en plein air, tiré à quatre épingles. Il était le beau-père de deux enfants qui se ressemblaient comme deux gouttes d'eau bien que l'un d'entre eux soit né de parents inconnus. A première vue, ils étaient purs comme agneaux venant de naître mais, en fait, ils n'arrêtaient pas de se crêper le chignon car ils avaient la langue bien pendue. Ça ennuyait Ginette que ces deux enfants la fassent marcher et la huent en criant :
— Trouble-fête !
— Casse-pieds !
— Cinglée !

4

"FIDDLESTICKS!" said Ginette, without getting cold **FEET.** She
was as mad as a **HORNET.** "Stop talking **NINETEEN** to the dozen
and let's get down to **BRASS** tacks. You cut no **ICE.** You can fight
until the **COWS** come home. In any **CASE,** don't try to teach your
GRANDMOTHER to suck eggs!" "My **FOOT,** don't give us that
JAZZ", yelled the children. "Make us a **HOT** dog or a rare **STEAK**
in two shakes of a **LAMB'S** tail or we lock you in the **WATER**
closet!"
"I'll be a **MONKEY**'s uncle! Here's pretty **KETTLE** of fish! Go fly a
KITE, I have other **FISH** to fry! Have some flavoured yogurt:
black**BERRY?** straw**BERRY?** rasp**BERRY?"**

« Bâtons de violons ! » dit Ginette sans avoir les pieds froids. Elle
était aussi folle qu'un frelon. « Arrête de parler dix-neuf à la
douzaine et descendons aux pointes laitons. Vous ne coupez pas
de glaçons. Vous pouvez vous battre jusqu'à ce que les vaches
rentrent à la maison. Dans n'importe quelle valise, n'apprends pas
à ta grand-mère à sucer les œufs. » « Mon pied ! Ne nous donne
pas ce jazz ! » crient les enfants. « Fais-nous un chien chaud ou un
steack rare dans deux secousses de guerre d'agneau ou nous t'enfermons aux eaux placards! »
*« Je serai un oncle de singe ! voici une jolie bouilloire de poissons !
Va voler un cerf-volant, j'ai d'autres poissons à frire ! Prends du
yaourt : baie noire ? baie de paille ? baie râpée ?*

« Sornettes ! » disait Ginette sans se dégonfler. Elle était verte de
rage. « Arrêtez de parler si vite et venons-en à l'essentiel ; vous ne
m'impressionnez pas, vous pourrez vous battre la semaine des
quatre jeudis ! En tout cas ce n'est pas au vieux singe que l'on
apprend à faire la grimace ! » « Mon œil ! A d'autres ! » se mirent à
crier les enfants. « Prépare-nous un hot dog ou un steack
saignant en trois coups de cuiller à pot ou nous t'enfermons
dans les toilettes ! »
« Ça alors, en voilà une affaire ! Allez vous faire cuire un œuf ! J'ai
d'autres chats à fouetter ! Prenez des yaourts aux fruits : mûre,
fraise, framboise ? »

*For one she'd hit the **BULL**'s-eye. "It's the **CAT**'S meow!" the children seemed to be on **CLOUD** nine. She'd made them eat **CROW**, after a **FASHION**. She took **FIVE** before putting them to bed. Ginette felt as fit as a **FIDDLE**, just like in her **SALAD** days. Then the stepfather, who was a bit of a **PEEPING** Tom, came home **PIE-EYED** having painted the **TOWN** red. "You have **EGG** on your chin", said Ginette. "That takes the **CAKE!**" "You're the bee's **KNEES**" he said and pinched her bottom, but she was on the **BALL** and took advantage of a **BLACK**out to take **FRENCH** leave and fly the **COOP**.*

Pour une fois, elle frappait l'œil du taureau. « C'est le miaou du chat ! » Les enfants semblaient sur le neuvième nuage. Elle leur a fait manger du corbeau après une mode. Elle prit cinq avant de les coucher. Ginette se sentait aussi en forme qu'un violon juste comme dans ses jours de salade.
Alors, le pas père qui était un morceau d'un Tom, regardant en douce, rentra à la maison un œil tarte après avoir peint la ville en rouge. « Vous avez de l'œuf sur le menton », dit Ginette. « Ça prend le gâteau ! » « Vous êtes les genoux de l'abeille ! », dit-il. Mais elle était sur le ballon et profita d'un noir dehors pour prendre le congé français et voler le poulailler.

Pour une fois, elle fit mouche. « C'est super ! » Les enfants avaient l'air d'être au septième ciel. Elle leur avait rabattu le caquet tant bien que mal. Elle fit une pause avant de les mettre au lit. Ginette se portait comme un charme comme dans ses vertes années.
Puis le beau-père qui était un peu voyeur rentra fin rond à la maison après avoir fait les quatre cents coups. « Tu as ta braguette ouverte ! » dit Ginette. « C'est le bouquet ! »
« C'est une idée fixe ! » dit-il en lui pinçant les fesses : alors, elle profita d'une panne de courant pour filer à l'anglaise et prendre la poudre d'escampette.

IMPRIMERIE BRODARD ET TAUPIN À LA FLÈCHE
DÉPÔT LÉGAL MARS 1991. N° 12552 (6553D-5)